AF229294

AUX CONSEILS GÉNÉRAUX

CRI D'ALARME

PRIX : 1 FRANC

PARIS

CH. TANERA, ÉDITEUR

LIBRAIRIE POUR L'ART MILITAIRE, LES SCIENCES ET LES ARTS

RUE DE SAVOIE, 6

1872

AUX CONSEILS GÉNÉRAUX

CRI D'ALARME

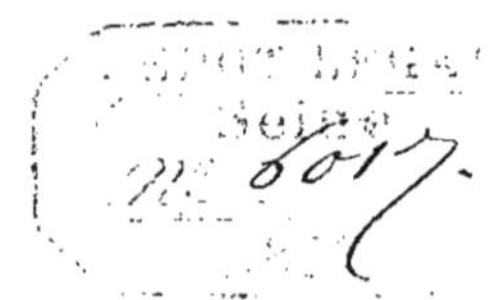

Cet opuscule s'adresse au patriotisme, à la sagesse et au bon sens des Conseillers généraux du pays. Il est écrit sans esprit de parti et sans opinion préconçue. L'auteur s'est inspiré des intérêts seuls du pays auquel il a l'honneur d'appartenir, auquel il apporte, comme tout bon citoyen, son entier dévouement.

Tout ce qui se fait, tout ce qui se dit et s'écrit dans l'intérêt de la France a le droit d'être examiné par les administrateurs du pays. Nous espérons qu'à ce titre cette brochure sera lue avec attention.

Et après cela, qu'on se prononce! Il y va du salut de la France!

Un Français de la frontière.

LES

CHEMINS DE FER

D'INTÉRÊT LOCAL

EN PRÉSENCE DE LA STRATÉGIE

On l'a répété bien souvent, les chemins de fer ont joué pendant la dernière guerre un rôle considérable ; ils ont, pour ainsi dire, fait campagne. Désormais, amère dérision des contrastes, ces instruments de paix, créés pour rapprocher les sympathies, les intérêts des hommes et des peuples, sont classés parmi les plus redoutables engins de mort ; ils appartiennent à l'armement des nations, et il est du devoir de chaque pays de les organiser, non plus seulement à l'usage des voyageurs, de l'industrie et du commerce, mais spécialement aussi en prévision de ces terribles éventualités qui mettent en péril les nations les plus prospères et les plus vaillantes.

Il ne suffit pas de déplorer les désastres ; le patriotisme commande de rechercher les causes qui nous ont infligé la défaite, de reviser notre organisation, de retremper nos armes. Or les chemins de fer constituent un des éléments essentiels pour la victoire, la célérité, cette arme prônée en tout temps par les grands hommes de guerre. Il importe donc que nous la rendions aussi efficace que redoutable.

Il faut que l'expérience nous profite : nous nous sommes instruits à l'école des revers. Pour l'emploi stratégique des voies ferrées aussi bien que pour leur établissement, les Allemands se sont montrés plus habiles que nous. Arrachons-leur sur ce point, comme sur tout le reste, cette supériorité inattendue. Nous possédons les ressources nécessaires, l'habileté administrative ne nous manque pas, la construction du matériel est meilleure en France qu'en d'autres pays, puisque nos ateliers reçoivent les commandes de l'étranger ; nos ingénieurs ont acquis dans la science et dans l'industrie des chemins de fer une légitime renommée. Nous avons enfin le patriotisme, cette ressource puissante qui, au moyen de l'étude calme, du travail persévérant, prépare aux nations vaincues les revanches de l'avenir.

Quand on étudie le réseau des chemins de fer français, on reconnaît que toute notre attention doit se porter du côté des régions de la frontière. En effet, ces contrées sont moins abondamment garnies de rails ; du côté des Alpes, la lacune est considérable ; du côté de l'Est, le long d'une frontière qui était si vulnérable, il y a également d'importantes lacunes que l'Allemagne, moins confiante que nous, s'empresse de combler. Dès longtemps, du reste, les États qui bordent le Rhin avaient favorisé la multiplicité des chemins de fer, et, se mettant en garde contre le risque d'une invasion française, ils organisaient de ce côté leurs moyens de défense ; depuis 1866 surtout, le gouvernement de Berlin avait usé de son influence pour perfectionner sur le territoire de ses alliés, de ses sujets futurs, les routes par lesquelles il comptait lancer prochainement contre nous les armées germaniques.

Il est donc indispensable que l'on sache aussi en France veiller sur notre réseau des chemins de fer, et plus particulièrement encore du côté de nos frontières.

La mutilation des chemins de fer de l'Est, dont une partie est aujourd'hui possédée par l'Allemagne en vertu du traité de Francfort, nous crée dans cette région des obligations très-urgentes. Plusieurs départements ne peuvent

plus communiquer entre eux qu'en empruntant des terri-
toires qui ont cessé d'être à la France, d'où il résulte que
leurs relations sont à la merci de l'étranger, notre ennemi
d'hier, notre ennemi de chaque heure, notre ennemi de
demain. Il est inadmissible que l'on ne remédie pas sans
le moindre retard à cet état de choses. Il importe de pous-
ser plus activement la construction des voies d'intérêt local
qui doivent être combinées pour mettre en communication
les grandes lignes.

Il est surtout une question capitale au point de vue des
intérêts du pays. En examinant les concessions éventuelles
de chemins de fer d'intérêt local qui se rapportent aux
départements situés sur la frontière, on aperçoit immédiate-
ment que ces lignes sont appelées à acquérir une importance immense en stratégie; aussi convient-il pour la sécurité du pays que les concessions de ces chemins de fer
soient faites à des nationaux. C'est ce qui a été bien compris à l'étranger; plusieurs grandes puissances de l'Europe
ont même été fort loin dans cet ordre d'idées; elles ont créé
des réseaux indépendants par une différence de voie, de
manière à pouvoir compter en toute occurrence sur des ressources certaines. Les Allemands ont pris d'autres précau-
tions. Ils se sont attachés à avoir la main haute sur les voies
ferrées et plus particulièrement sur celles qui aboutissent

perpendiculairement à leurs frontières ou y sont accolées parallèlement. Les concessions sont faites exclusivement à des nationaux, de telle façon qu'à un moment donné le gouvernement peut user en toute liberté, en toute sécurité, de ces voies rapides de communication. C'est pour ce motif que l'Allemagne a tenu absolument à éloigner des pays annexés les sociétés françaises qui y exploitaient des chemins de fer et les a remplacées par des compagnies allemandes. Elle a fait plus encore. Antérieurement à la déclaration de la guerre, des sociétés belges avaient obtenu du gouvernement français, dans les pays aujourd'hui annexés, des concessions de chemins de fer d'intérêt local ; on peut notamment citer les lignes de Metz à Boulay, de Sarrebourg à Sarreguemines, de Nancy à Château-Salins. Aujourd'hui M. de Bismark a non-seulement refusé l'exploitation de ces lignes par les sociétés établies, mais il en a même sur-le-champ arrêté l'exécution, et il les a mises entre les mains de ses compatriotes. La Belgique devait-elle éveiller les susceptibilités du chancelier? L'Allemagne avait-elle à redouter cette puissance? Ce fait bien caractéristique mérite, à notre avis, une attention toute particulière.

Nous le signalons à nos gouvernants, à nos administrateurs ; l'habile conduite de nos voisins fait surgir de graves réflexions. Et à l'heure actuelle où avec raison l'on s'occupe beaucoup de chemins de fer en France, les administrateurs des intérêts du pays dont dépend la concession des voies ferrées doivent, avant de se prononcer dans une question si importante, avoir les yeux sur l'exemple que donnent les hommes de l'Allemagne. Il faut surtout que les Conseils généraux se pénètrent de cette grande nécessité : les chemins de fer d'intérêt local, comme toutes les autres lignes créées du côté de la frontière, doivent être à tout prix entre les mains de sociétés françaises. Toute autre considération est subordonnée à cet impérieux et indiscutable axiome de stratégie.

Concevons, en effet, que dans le cas d'une guerre avec l'un de nos voisins une société étrangère soit amenée par des considérations d'intérêt à rendre inaccessibles ses voies ferrées, à écarter son matériel, son personnel, etc.; concevons encore qu'elle soit contrainte à la neutralité par des considérations politiques, ou que, par suite d'une conception machiavélique d'un diplomate rusé, elle ait, au début d'une guerre, cédé et ses lignes et son matériel à la nation ennemie. Qu'en résultera-t-il? Nous n'avons pas besoin de le dire. Ne peut-il encore arriver que cette société étrangère appartienne ouvertement ou clandestinement au pays avec lequel le conflit est engagé? Dès lors cette société est dûment autorisée par le patriotisme à tourner contre nous les armes

que nous lui avons mises entre les mains dans un moment
d'irréflexion.

Grâce à cette habile politique, l'Allemagne s'est trouvée
préparée à un moment déterminé. Au premier cri de guerre,
les administrations de chemins de fer, allemandes de cœur
et de nom, apportent tout leur patriotisme, toute leur dili-
gence, aussi bien que les moyens matériels dont elles
disposent; en moins de quinze jours, plus de trois cent
mille hommes arrivent sur les points de notre frontière
compris entre Wissembourg et Forbach, avec une cavalerie
et une artillerie très-nombreuses; la campagne une fois
engagée, les mouvements de troupes s'accomplissent régu-
lièrement, sans embarras, et l'arrivée non interrompue des
renforts assure constamment à notre ennemi la supériorité
numérique.

Que serait-il advenu, au contraire, si les voies allemandes avaient été entre les mains de sociétés étrangères,
françaises par exemple, ou sympathiques à notre pays? Mais
le chancelier allemand avait tout prévu ; aussi clairvoyant
de ce côté qu'ailleurs, il avait bien compris qu'en introdui-
sant le loup dans la bergerie, il eût mis de suite les mou-
tons à sa merci.

Regardons plus loin encore. Pour assurer aux chemins

de fer toute leur efficacité en temps de guerre, on doit à l'avance familiariser le personnel avec les conditions de ce service spécial. En Allemagne, le service des chemins de fer est organisé militairement; or cette condition est-elle possible en France dans le cas de l'exploitation d'un chemin de fer par une société étrangère, surtout si cette société a dans ses rangs des agents peu sympathiques au pays? Le personnel des chemins de fer est désormais considéré comme étant sous les drapeaux; il sera maintenu à son poste, qui est un véritable poste de combat, car les employés des compagnies rendent plus de services sur les machines, dans les trains et dans les gares que dans les régiments où ils seraient incorporés. Or arriverait-on facilement à remplacer d'une manière subite les agents d'une compagnie qui serait obligée de quitter le pays? Quelle complication n'en résulterait-il pas?

La guerre est aussi la destruction organisée; aussi le devoir de ceux qui la font est de savoir détruire à propos, savamment. Les chemins de fer fournissent une démonstration saisissante de ce triste axiome. Autant ils servent pour porter les armées en avant et pour précipiter l'attaque, autant ils deviennent utiles dans certains cas pour retarder la marche de l'ennemi et pour protéger la défense. Il faut renverser avec art ce qui fut édifié au prix de tant de science, de travail, au prix de tant de millions. Ainsi le veut la guerre, cet ingénieur de la ruine. Mais ainsi ne le voudront pas des sociétés étrangères, ou du moins s'y opposeront-elles par un motif spécieux ou valable.

Nous comprenons, à la rigueur, qu'une société étrangère s'introduise, sans trop d'inconvénients apparents, dans l'intérieur du pays; il y a cependant beaucoup à dire sur ce point. Mais sur la frontière les choses prennent un aspect bien différent, et une société étrangère n'y est plus à sa place.

C'est surtout du côté des départements de l'Est exposés naturellement à l'invasion qu'il faut, avons-nous dit, tourner toute notre attention. Ces contrées sont dépourvues de moyens de défense, nous n'avons plus de forteresses, nos lignes stratégiques n'existent plus. Les chemins de fer sont notre unique ressource; combinés avec les barrières que présente la nature, ils peuvent constituer de nouvelles forteresses dont l'importance ne serait pas moins considérable que celle d'une ville fortifiée. C'est vers ces endroits qu'il faut faire converger nos forces; et on ne le fera avec succès qu'en permettant l'exécution et l'exploitation de ces voies à des sociétés françaises exclusivement.

Il demeure donc établi que la fabrication et l'usage de

cette arme de guerre ne doivent être confiés qu'aux hommes du pays. Les chemins de fer d'intérêt local de la frontière sont des forts avancés, des murailles protectrices que les nationaux seuls sont appelés à commander, non les. étrangers. Nous ne laisserions pas pointer nos canons contre les Allemands par des artilleurs d'Allemagne ou d'ailleurs; nous ne laisserions pas nos ateliers de fabrication de munitions de guerre entre les mains des industriels de ce pays.

Il en est de même pour les chemins de fer.

C'est là une question de patriotisme. Aussi espérons-nous que les Conseils généraux, qui veillent au salut de nos provinces et qui ont entre les mains la disposition des concessions nouvelles, réfléchiront sur cette puissante considération ; elle pèsera assurément dans leurs décisions. Tout l'intérêt de la France en dépend. On ne saurait hésiter ; il n'est pas un patriote qui n'accepte les sacrifices demandés pour l'armement national; et, ici, il s'agit d'une question d'armement et de salut.

Oui, faisons nous-mêmes nos remparts, nos forteresses ; faisons nous-mêmes nos chemins de fer, afin qu'en un jour de nécessité solennelle, toutes les forces du pays soient entre les mains de la France, et que de l'union bien entendue des éléments de la résistance il résulte cette fois le salut du pays. Nul dans ce cas ne pourra invoquer la neutralité ou un autre prétexte. Nous nous avancerons sur un terrain ferme, préparé par nous-mêmes. Chaque pas sera fait avec certitude, et, au début d'une campagne, chaque pas fait avec sagesse et succès est un acheminement vers une victoire assurée.

PARIS. — J. CLAYE, IMPRIMEUR, 7, RUE SAINT-BENOIT. — |1551|

www.ingramcontent.com/pod-product-compliance
Lightning Source LLC
Chambersburg PA
CBHW061156050726
47594CB00008B/3444